学习宣传
《中国共产党廉洁自律准则》
《中国共产党纪律处分条例》
动漫读本

尺·度

本书编写组

中国方正出版社
江苏人民出版社

图书在版编目（CIP）数据

尺•度：学习宣传《中国共产党廉洁自律准则》《中国共产党纪律处分条例》动漫读本 /《尺•度：学习宣传〈中国共产党廉洁自律准则〉〈中国共产党纪律处分条例〉动漫读本》编写组编著. -- 南京：江苏人民出版社，2016. 7

ISBN 978-7-214-19052-9

I. ①尺… II. ①尺… III. ①中国共产党—廉政建设—学习参考资料 ②中国共产党—纪律检查—条例—学习参考资料 IV. ①D262.6

中国版本图书馆CIP数据核字（2016）第153016号

书　　名	尺·度——学习宣传《中国共产党廉洁自律准则》《中国共产党纪律处分条例》动漫读本
编 著 者	本书编写组
责任编辑	戴亦梁　范渊凯
特约编辑	杨　睿　王美芳
责任校对	范渊凯
装帧设计	曲闵民
出版发行	中国方正出版社 凤凰出版传媒股份有限公司　江苏人民出版社
出版社地址	南京市湖南路1号A楼，邮编：210009
电子邮箱	http://www.jspph.com
经　　销	凤凰出版传媒股份有限公司
照　　排	江苏凤凰印刷数字技术有限公司
印　　刷	江苏凤凰新华印务有限公司
开　　本	787毫米×1092毫米　1/16
印　　张	14.75　插页2
字　　数	10千字
版　　次	2016年7月第1版　2016年7月第1次印刷
标准书号	ISBN 978-7-214-19052-9
定　　价	68.00元（含光盘）

（江苏人民出版社图书凡印装错误可向承印厂调换）

编委会

序

2015年10月18日，中共中央印发了《中国共产党廉洁自律准则》（以下简称《准则》）和《中国共产党纪律处分条例》（以下简称《条例》）。《准则》和《条例》的颁布实施，是在我们党长期执政和全面依法治国条件下，实现依规管党治党、加强党内监督的重大举措。

《准则》和《条例》作为管党治党的标尺和戒尺，是对党章规定的具体化，体现了依规治党与以德治党的有机结合。《准则》重申党的理想信念宗旨、优良传统作风，强调“四个必须”和“八条规范”，重在立德，为全体党员和各级党员领导干部树立起一个看得见、够得着的高标准。《条例》开列负面清单，重在立规，把原来规定的十类违纪行为整合为“六项纪律”，即政治纪律、组织纪律、廉洁纪律、群众纪律、工作纪律、生活纪律，划出了党组织和党员不可触碰的底线。

为了便于广大党员干部和人民群众更好地学习理解《准则》和《条例》，中共江苏省纪委、中国方正出版社、凤凰出版传媒集团联合推出《尺·度——学习宣传〈中国共产党廉洁自律准则〉〈中国共产党纪律处分条例〉动漫读本》一书。本书以图文并茂的形式，紧扣两项法规中部分重要条款和新增条款，剖析大量典型案例，萃取核心要素进行创意表现，着力帮助广大党员掌握法规要义、养成纪律自觉，引导广大群众了解党纪党规、参与执纪监督，生动宣传两项法规所蕴含的纪在法前的精神和全面从严治党的要求。

全书共分为22集，以22个小故事对《准则》和《条例》进行了富有感染力的诠释。每集均包含纪律条规、动漫故事、名言警句、温馨提示四个部分。每集末附有相关动漫视频的二维码，可用手机扫描后观看，为读者提供新颖便捷的阅读体验。

动漫故事部分以某市市委书记严守正、妻子吴若兰、女儿严婷婷，以及他们的同事、邻里、亲朋等构成的社会横断面，把《准则》和《条例》的要求形象化、生活化。通过故事化的方式展现老严面对种种涉纪情境和利益诱惑，如何看齐高标准、坚决守底线，在情与纪的交织、纠葛之中，坚持原则、妥善应对的系列生动场景，塑造了律己修身齐家的正面人物形象，体现了党的纪律对党员工作、生活的约束和规范，为广大党员尤其是党员领导干部自觉守纪提供示范和借鉴。

纪律条规部分列出每集主题所对应的《准则》和《条例》中的相关内容，与动漫故事相互映照。名言警句部分从我国优秀传统文化中挖掘与《准则》和《条例》的共通性。“民惟邦本”“为政以德”“修身齐家治国平天下”等传统文化精髓，是党员干部提升道德修为，增强纪律观念，带头践行社会主义核心价值观的重要滋养。温馨提示部分贯彻中央全面从严治党要求和习近平总书记系列重要讲话精神，结合法规相关条文给出简明提要，帮助读者深化对法规的学习理解。

《尺·度》在编创体例上坚持准确性和规范性原则，努力体现教育性、可读性和传播性，以生动鲜活的语言和日常生活情境，结合回眸优秀传统文化，系统“转述”法规的“党言党语”“纪言纪语”，立体展示纪律的刚性和温度。

本书配套江苏凤凰电子音像出版社出版的22集同名动漫片，每集时长3分钟左右，总时长约70分钟。相关故事展现更加生动，情节更为丰富，适合个人观看、集体学习。

本书编写组

二〇一六年六月

目 录

主要人物介绍

第 1 集　不拿原则做人情 …… 002

第 2 集　天上不会掉馅饼 …… 012

第 3 集　成由节俭败由奢 …… 022

第 4 集　有人辛苦才有人幸福 …… 032

第 5 集　永葆公仆本色 …… 042

第 6 集　权为民所用 …… 052

第 7 集　修身德为先 …… 062

第 8 集　清正立家风 …… 072

第 9 集　在党言党是本分 …… 082

第 10 集　“小圈子”要不得 …… 092

第 11 集　慎入“老乡会” …… 102

第 12 集　选人用人讲规矩 …… 112
第 13 集　对组织　要老实 …… 120
第 14 集　用公权　不谋私 …… 130
第 15 集　礼尚往来有尺度 …… 140
第 16 集　为官发财当两道 …… 152
第 17 集　群众利益无小事 …… 162
第 18 集　关键时刻　站得出来 …… 172
第 19 集　主体责任须担当 …… 182
第 20 集　有权不可任性 …… 192
第 21 集　公务活动守纪律 …… 202
第 22 集　对奢靡说“不” …… 212
后　记 …… 224

主要人物介绍

严守正

某市市委书记，年近50岁。

吴若兰

严书记的妻子，某国企中层管理人员，群众，48岁。

严婷婷

严书记和吴若兰的女儿，在读研究生，中共预备党员，24岁。

小刘

严婷婷的男朋友，机关基层公务员，中共党员，28 岁。

何主任

市委办公室主任，35 岁。

第 1 集
不拿原则做人情

中国共产党全体党员和各级党员领导干部必须坚定共产主义理想和中国特色社会主义信念，必须坚持全心全意为人民服务根本宗旨，必须继承发扬党的优良传统和作风，必须自觉培养高尚道德情操，努力弘扬中华民族传统美德，廉洁自律，接受监督，永葆党的先进性和纯洁性。

《中国共产党廉洁自律准则》第一条　坚持公私分明，先公后私，克己奉公。

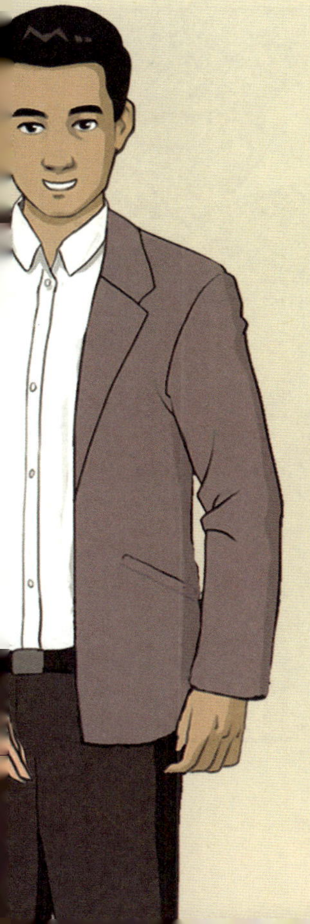

民主推荐会
到此结束。

张局做了八年的
副局长，这次终
于可以扶正了。

我觉得李局的
希望也很大。

不会吧！听说张局和市委书记是老战友，我觉得他更有把握……

老严啊，听说在推荐交通局长人选，你那个战友老张应该有希望吧？

这事啊，不是哪一个人说了算的，干部人选是需要统筹考虑、慎重选择的。

老张是你的老班长，十多年老战友，转业到现在，我们两家也一直走得这么近，你不关心一下，怎么也说不过去……

老张是“老交通”了，经验丰富，工作认真，作风比较稳健。

小李是科班出身，业绩突出，思路开阔有闯劲。

那你们组织部倾向选谁？

选配干部，要从事业需要出发，目前我市交通基础薄弱，改革发展的任务繁重，明年投入量还要翻一番，要综合考虑啊。

老张，这次选拔……

你打电话说要来家里看我，我就知道你的来意了。老严，不用做我的思想工作了，我知道你向来公私分明。这次我没被选上，要说没有心理落差也是假的。
其实市委对你的工作也是充分肯定的，只是……
市委把年富力强的干部提拔到局长岗位上，我能理解。从专业角度来讲，小李确实比我有优势。你放心，我会全力配合小李工作的。

名言警句

公生明，

偏生暗。

——《荀子·不苟》

大贤秉高鉴，

公烛无私光。

——孟郊《上达奚舍人》

温馨提示

衡量党性强弱的根本尺子是公私二字。全体党员要正确对待和处理公与私的关系，只有一心为公、事事出于公心，才能坦荡做人、谨慎用权，才能光明正大、堂堂正正。

第2集
天上不会掉馅饼

《中国共产党廉洁自律准则》第二条

坚持崇廉拒腐，清白做人，干净做事。

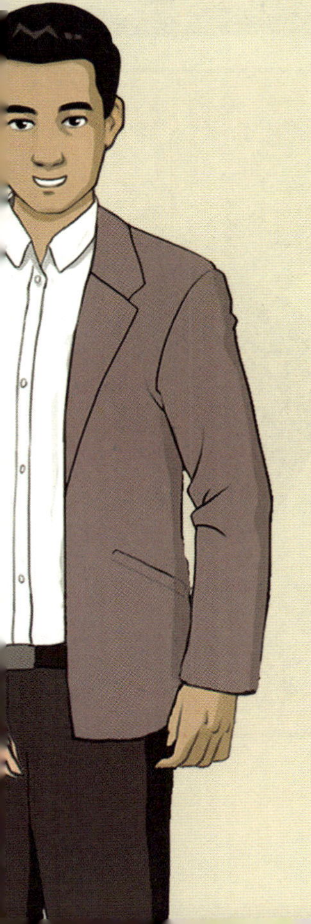

珍珍咖啡

说起来你家老徐也真有
魄力，脑子活，高中一
毕业就下海经商。

最近听说又做起金融
来了，这生意可是蒸
蒸日上啊！

他哪懂什么金融，瞎折腾呗。
对了，吴姐，最近他们做了
个理财产品，内部定向认购。

当然。不可靠我哪
敢向你推荐?

包赚不赔。年化收益
率保证不低于18%！

吴姐，你放心。我都详细了解过，民间借贷利率不超过24%，都受法律保护，何况我们这还是理财产品。

你要是手头紧，我也可替你想想办法。

老严，王梅给我推荐了
一个理财产品，说是包
赚不赔，我想去买一些。

这个理财产品你可不能买。天上不会掉馅饼，世上没有包赚不赔的事。现在连钱存到银行都搞存款保险，限额赔付 50 万。

看来老徐这是想走夫人路线，你可要替我挡住。自律不严，何以服众？

名言警句

廉者，民之表也；贪者，民之贼也。

——包拯《乞不用赃吏疏》

清风两袖朝天去，免得闾阎话短长。

——于谦《入京》

物必先腐也，而后虫生之。

——苏轼《范增论》

温馨提示

反对腐败，建设廉洁政治，保持党的肌体健康，始终是我们党一贯坚持的鲜明政治立场。全体党员要正确对待和处理廉与腐的关系，不断改造主观世界、加强党性修养、加强品格陶冶，时刻自重自省自警自励，永葆共产党人清正廉洁的政治本色。

第 3 集
成由节俭败由奢

《中国共产党廉洁自律准则》第三条

坚持尚俭戒奢，艰苦朴素，勤俭节约。

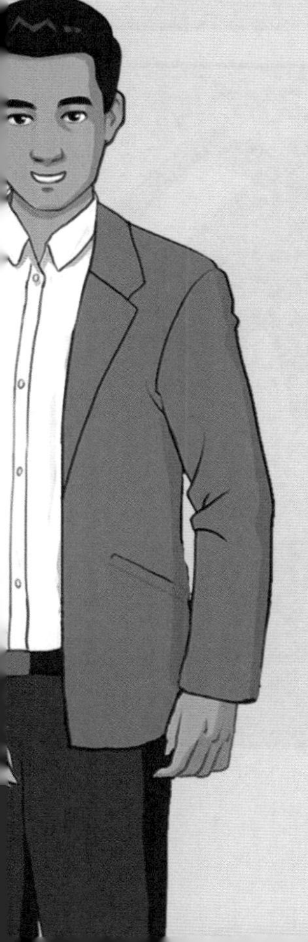

新方案

严书记，这是您要的市行政大楼翻修出新方案。我刚从那边取来。

好，我马上向他们反馈。还有，这是体育运动中心竣工仪式暨全民健身长跑方案，也请您过目。

能见到喜欢的大明星就那么开心呀？

那当然，他可是我的偶像！

老爸，我听说市里最近要举办体育运动中心竣工庆典啊。

这你也关心啊？

晚会？这个方案虽然有企业赞助,但被市委否决了。

不搞庆典，准备组织全民健身长跑。

婷婷……

婷婷听说庆典晚会邀请的演员中有她喜欢的明星，还特意买了他写的书，想去现场签个名。

婷婷追星，我们党委政府可不能追星啊。改成长跑活动，既推动了全民健身，又引导了厉行节约的社会风尚。

名言警句

历览前贤国与家，成由勤俭破由奢。

——李商隐《咏史》

奢靡之始，危亡之渐。

——《新唐书·褚遂良传》

由俭入奢易，由奢入俭难。

——司马光《训俭示康》

温馨提示

能不能坚守艰苦奋斗精神，是关系党和人民事业兴衰成败的大事。全体党员要正确对待和处理俭与奢的关系，坚持勤俭办一切事业，坚决反对讲排场比阔气，坚决抵制享乐主义和奢靡之风。

第 4 集
有人辛苦才有人幸福

《中国共产党廉洁自律准则》第四条

坚持吃苦在前，享受在后，甘于奉献。

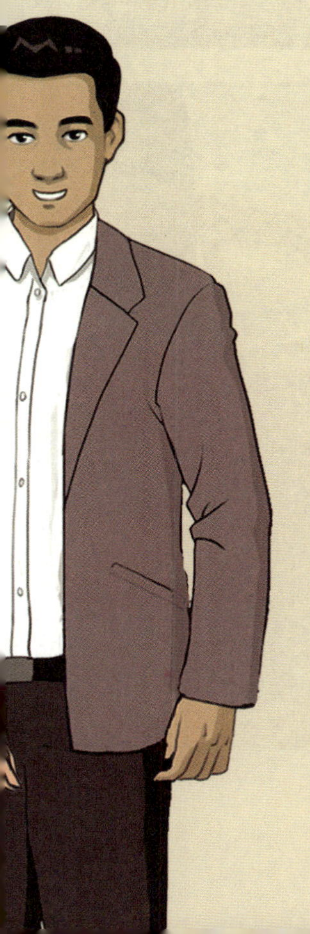

我打算报名参加西部支教。

快给本姑娘点赞，365个赞，少一个也不行！

我给你 1001 个赞！不过，那边条件特别艰苦，我还是建议你就别去了。

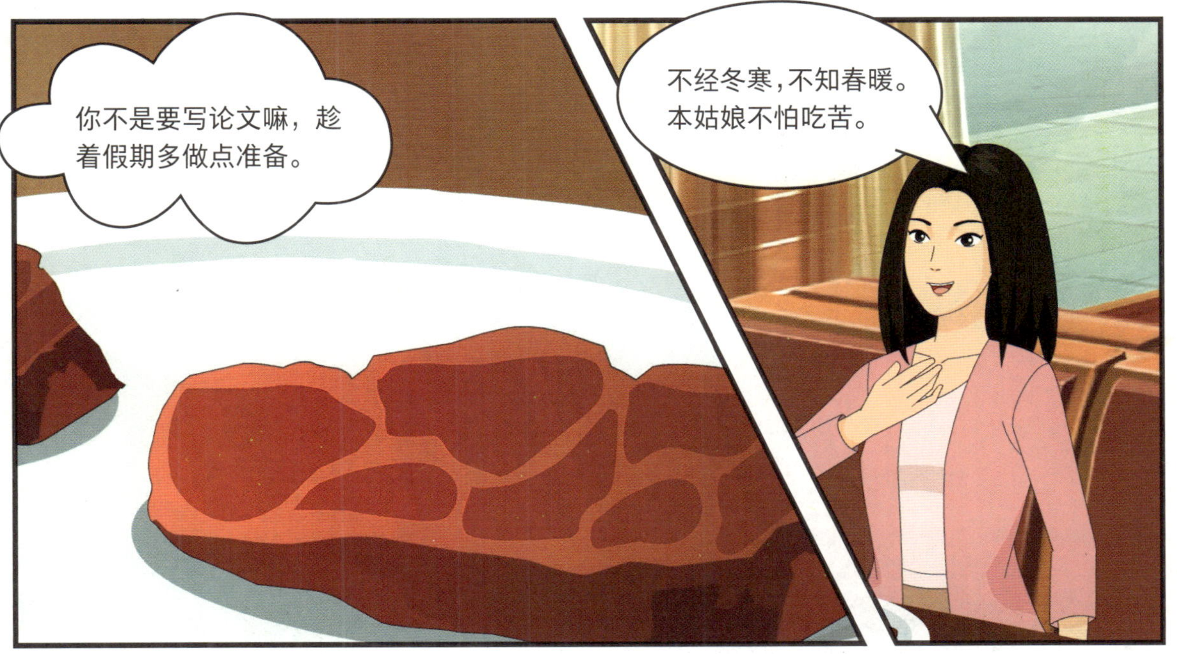

本姑娘要宣布一个重大决定，暑假去西部支教两个月！
什么？西部？支教？两个月？那边艰苦，听说有个大学生去支教却中途离开了。
那里洗澡很不方便，你这么爱干净……婷婷，你不是一直想去海边度假吗？暑假，我们娘俩儿一起去。

妈，人家都报名了……

这么大的事也不事先与你妈商量一下。就说你妈生病了，你要在家照顾。

婷婷说得好！前几天我也看到一篇文章，提到这种暑假短期支教是否有意义。

我想，有没有意义这问题，是需要婷婷自己去亲身经历才能回答的。

若兰，你真是……前天你还说全国优秀共产党员高德荣同志了不起。一名副厅级干部，完全可以生活在城市，但他甘愿长期坚守在条件艰苦的独龙江畔，全身心致力于家乡建设发展。怎么轮到婷婷……

女儿是妈的心头肉。妈舍不得，爸，你要理解。

不舍不得。高德荣说过，
有人辛苦才有人幸福嘛。
婷婷，记得和你妈多联系。

名言警句

先天下之忧而忧，后天下之乐而乐。

——范仲淹《岳阳楼记》

春蚕到死丝方尽，蜡炬成灰泪始干。

——李商隐《无题》

为人臣者，以富乐民为功，以贫苦民为罪。

——贾谊《新书·大政上》

温馨提示

有人辛苦才有人幸福，共产党员必须树立正确的苦乐观。全体党员要正确对待和处理苦与乐的关系，坚持全心全意为人民服务的根本宗旨，自觉贯彻党的群众路线，心系群众、为民造福，心中始终装着老百姓，先天下之忧而忧，后天下之乐而乐。

第 5 集

永葆公仆本色

《中国共产党廉洁自律准则》第五条

廉洁从政，自觉保持人民公仆本色。

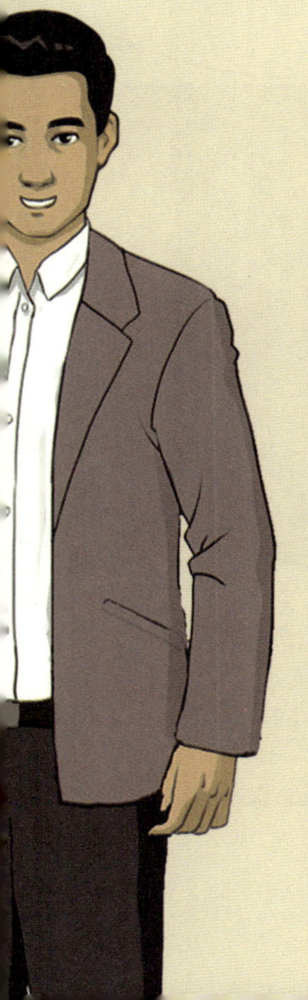

书记，明天的招商引资洽谈会就在这里举行。招商引资嘛，我们也不能搞得太寒酸，据说这家酒店在这个城市算是中高档的，性价比高。

哦，住在这里？
是的，这样方便一些。

招商活动放在这里，是工作需要，我们住宿可以简单一点。

那您的意思是?

我看就在附近找
一家普通宾馆吧。

书记，今天的洽谈会很成功，收获不小。

是啊，这次达成的投资意向超出预期，超过以往。我们也算是不虚此行啊。

到点了，我们吃饭去吧。
我已经在酒店三楼订好了一个包间，等会儿大家好好庆贺一下。

这里就算了。吃饭
的地方，我早就看
好了。

要想身体好，粗茶淡饭吃个饱。我们现在能坐在饭馆里吃到面条已经不错了，我的一个老领导，以前出差一路上都吃的方便面。

那么艰苦啊！

要说艰苦……当年焦裕禄书记外出开会、调研的时候，经常是自备干粮，带着雨伞就出发了。为了掌握风沙、水害的规律，他经常在齐腰深的水里吃干粮，有时候夜晚蹲在泥水里歇息……

为官一任，造福一方，遂了平生意。

名言警句

轻财足以聚人,律己足以服人,量宽足以得人,
身先足以率人。
——陈继儒《小窗幽记》

圣人不利己，忧济在元元。
——陈子昂《感遇》

温馨提示

我们党来自人民、植根人民、服务人民。坚持立党为公、执政为民的本质要求，是党和人民事业不断发展的重要保证。党的干部都是人民公仆,自当按本色做人、按角色办事,在其位谋其政,既廉又勤，既干净又干事。

第6集
权为民所用

《中国共产党廉洁自律准则》第六条

廉洁用权，自觉维护人民根本利益。

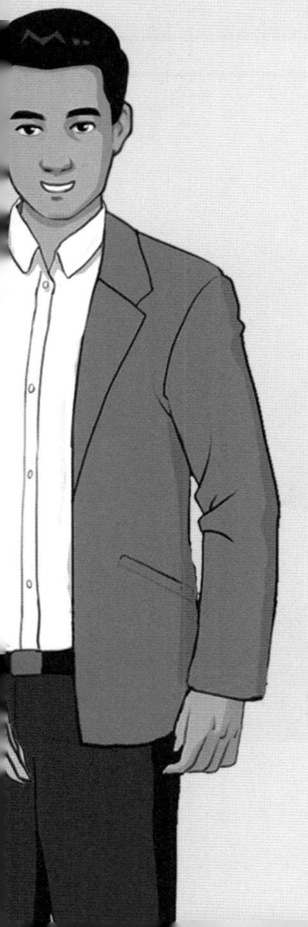

姨妈，你要不收，我回去真没法交代啊。

你妈带的土特产我都收下了，听姨妈的话，其他你必须带回去。

这事啊，不行。

但是扶持资金应该按规定申请，我怎么好去为具体项目打招呼呢？

小明，你怎么每次
来都带东西啊？

姨妈，我有个好消息要告诉你呢。镇里项目资金批下来了，救了急，镇长夸我能干呢，我妈让我一定要来谢谢你！

小明他们镇里的扶持资金
批下来了，我姐特意让他
送来两只鸡。

你啊，帮打了招呼也
不告诉我一声。

打招呼？我还真没为他们打招呼。

我倒是请相关部门对惠农政策落实情况进行了认真调研，对扶持资金紧、申请难等问题，市里采取了相应措施。惠农的好事一定要办好！

名言警句

意莫高于爱民，行莫厚于乐民。

——《晏子春秋·问下》

政之所兴在顺民心，政之所废在逆民心。

——《管子·牧民》

温馨提示

权力是人民赋予的，党员领导干部不论什么岗位，都只有为人民服务的义务。必须始终牢记宗旨、牢记责任，自觉把权力行使的过程作为为人民服务的过程，自觉接受人民监督，做到为民用权、公正用权、依法用权、廉洁用权。

第7集

修身德为先

《中国共产党廉洁自律准则》第七条

廉洁修身，自觉提升思想道德境界。

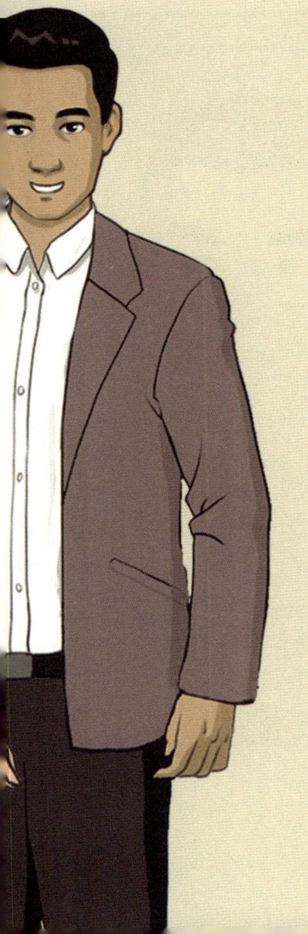

无偿献血
无上光荣
爱
献血车
老严，你在干吗?
献血啊，今天是
国际献血日嘛。

这些年，你都献了多少次了？

你放心，我身体好得很，没问题的。

那你自己献血吗?

若兰，你这话是歧视老同志嘛。按新规定，60岁的人也能献血呢。

伯父伯母，婷婷，
你们都在这啊。

正好今天是献血日，我也
来奉献奉献了。

奉献也不能以身体
健康为代价吧。

无偿献血拯救他人生命，不仅是爱心奉献的体现，也是社会文明进步的重要标志。

这是我妈的第一本，这是我的第一本。

名言警句

欲影正者端其表，欲下廉者先之身。

——桓宽《盐铁论》

静以修身，俭以养德。

——诸葛亮《诫子书》

以修身自名，则配尧禹。

——《荀子·修身》

温馨提示

做官先做人，做人必修身，加强道德修养是党员领导干部十分重要的必修课。必须严以修身，加强党性修养，坚持理想信念，坚守共产党人精神家园，不断夯实廉洁从政的思想道德基础，筑牢拒腐防变的思想道德防线。

第 8 集
清正立家风

《中国共产党廉洁自律准则》第八条

廉洁齐家，自觉带头树立良好家风。

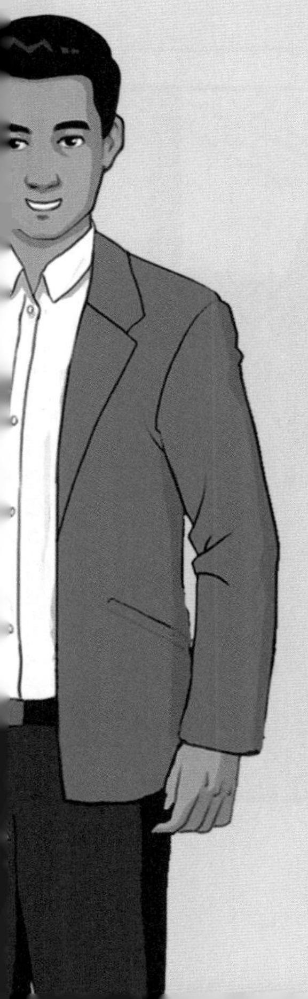

吴姐，哪里不舒服，
挂的什么科啊？
我没事，是带我家老爷子来
的，老爷子终于同意来做这
个白内障手术。哎，我来挂
号排队，刚巧在这里遇见你，
还请秦护士长您多多关照。
你放心吧。你的
事就是我的事。

院长，严书记的家属
在我们医院治疗……

你们在工作上一
定要认真细致。

这怎么行？这事要是给我们家老严知道了，肯定要批评我！

若兰，出院手续办
完了吗？缴费发票
给我看看。
这个……医院说免 
费治疗，所以……

上医院看病不花钱？
咄咄怪事嘛。若兰，
该多少就多少，你现
在就去缴费。
国有国法，家有家规，
家里有个规矩好。若
兰，以后婷婷结婚，
我们也要定上几条。
我呀，不用你们操
心，旅游结婚！

对了，若兰，还有件事。这1000块钱，你拿去给秦护士长。

原以为这段时间张嫂给爸送的汤是病号饭里配的，后来才知道是院长的特殊照顾。

好！身修而后家齐，家齐而后国治，国治而后天下平。

名言警句

传家两字曰读与耕，兴家两字曰俭与勤。

——《章氏家训》

身修而后家齐，家齐而后国治，国治而后天下平。

——《礼记·大学》

君子以俭德辟难。

——《周易·否》

温馨提示

领导干部的家风，不是个人小事、家庭私事，而是领导作风的重要表现。家风正，则坐得稳、行得正。每一位领导干部都要把家风建设摆在重要位置，在管好自己的同时，也要严格要求配偶、子女和身边工作人员。

第9集
在党言党是本分

《中国共产党纪律处分条例》第四十六条　通过信息网络、广播、电视、报刊、书籍、讲座、论坛、报告会、座谈会等方式，有下列行为之一，情节较轻的，给予警告或者严重警告处分；情节较重的，给予撤销党内职务或者留党察看处分；情节严重的，给予开除党籍处分：

（一）公开发表违背四项基本原则，违背、歪曲党的改革开放决策，或者其他有严重政治问题的文章、演说、宣言、声明等的；

（二）妄议中央大政方针，破坏党的集中统一的；

（三）丑化党和国家形象，或者诋毁、诬蔑党和国家领导人，或者歪曲党史、军史的。

发布、播出、刊登、出版前款所列内容或者为上述行为提供方便条件的，对直接责任者和领导责任者，给予严重警告或者撤销党内职务处分；情节严重的，给予留党察看或者开除党籍处分。

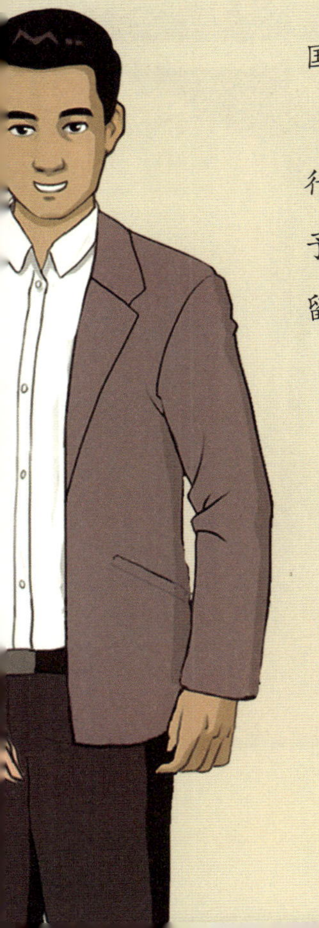

喂，老同学，今天怎么想起来给我打电话呀？

我接到你们市文化局的邀请，来文化大讲坛讲课，今天刚到。晚上有没有空，咱们好好叙叙旧？

来文化大讲坛啊，欢迎欢迎。晚上到我家来吧，我让若兰炒几个下酒菜。

好！恭敬不如从命。

几年前，他曾在某个讲坛上
说了一些与中央大政方针不
太吻合的话，当场引起质疑，
争论还蛮激烈的。
还有这事儿？我想想。
老于，来来，快进
来。我们这都有多
少年未见了？
2005 年北京见了一
次。一晃十几年了。

说操心也是。老于，不瞒你说，就你来这里讲课，我也得操心。

怎么了?
我先给你说个事。有个教授，也是党员，在做讲座时以“真相”“揭秘”为噱头，捏造事实，混淆视听。台下有人用手机拍下他的言论视频，发到朋友圈，还点评“甚好”。结果视频被广泛传播，造成恶劣影响。

老严，你这记警钟敲得好！我也就给你掏心窝子了。
前几年我比较糊涂，迷信一些错误观点，甚至还在课堂上、讲坛上讲，自以为“敢讲”。后来经过深入研究，我有了清醒的认识，作为一名党员，确实要在党言党啊。

好！闻过则喜，知过不讳,改过不惮。老于，来，敬你一杯。

预祝你明天讲课成功!

名言警句

君子不重则不威，学则不固，主忠信，无友不如己者，过则勿惮改。

——《论语·学而》

尽心于人曰忠，不欺于己曰信。

——司马光《四言铭系述》

忠者不饰行以侥荣，信者不食言以从利。

——王安石《辞同修起居注状·第四状》

温馨提示

党的纪律是多方面的，但政治纪律是最重要、最根本、最关键的纪律，遵守党的政治纪律是遵守党的全部纪律的重要基础。《条例》第四十五条至第四十七条明确了党员干部妄议中央大政方针、丑化党和政府形象、公开发表违背党的方针政策言论等违反政治纪律行为，并对处分情形作了明确规定。作为党员，任何时候都要旗帜鲜明、立场坚定，始终在思想上、政治上、行动上与党中央保持高度一致。

第 10 集
“小圈子”要不得

《中国共产党纪律处分条例》第五十二条　在党内搞团团伙伙、结党营私、拉帮结派、培植私人势力或者通过搞利益交换、为自己营造声势等活动捞取政治资本的，给予严重警告或者撤销党内职务处分；情节严重的，给予留党察看或者开除党籍处分。

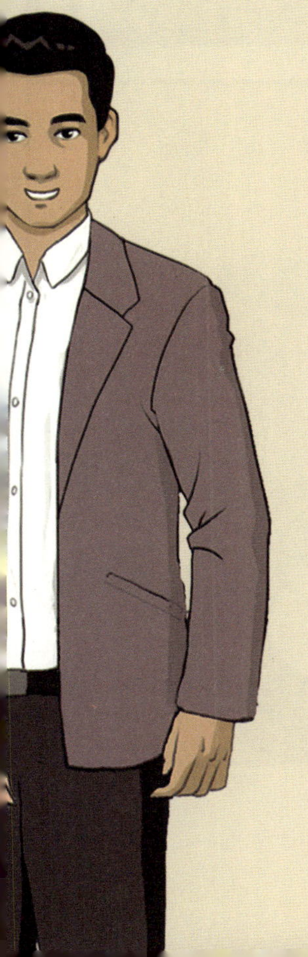

我提议我们局里的兄弟们，一起举杯，感谢史局多年来的关心和提携。

大哥放心，我们早已商量好了，准备写联名推荐信为大哥造势！

好，感谢诸位的这份情义，客气话不多说了，干！

祝大哥步步高升！

史局，南区的那个住宅项目还要请你继续关心啊。

局长，那个南区住宅项目已按你的要求落实了。

小夏啊，我一直把你当自己人，你在主任位置上也好多年了。

下个月局里选拔副局长，我会全力推荐你，你可要好好努力噢。

婷婷……

市住建局出大事了，局长和好几个人都被立案查处，听说还要判刑呢。

是她父亲自己不懂得珍惜，身为一局之长，在党内搞团团伙伙，为提拔不择手段，能不出事吗？害了自己也害了家庭啊。

名言警句

君子和而不同，小人同而不和。

——《论语·子路》

阿党比周，先圣所疾也。

——曹操《整齐风俗令》

不尚名誉，故无朋党；不尊谈说，故无游士；不贵才气，故无骤官。

——章炳麟《国故论衡·原道中》

温馨提示

党内政治生活和组织生活都要讲政治、讲原则、讲规矩。《条例》第四十八条至第五十七条明确了党内搞团团伙伙、结党营私、拉帮结派、培植私人势力、捞取政治资本等违反政治纪律行为，并对处分情形作了明确规定。党内上下关系、人际关系、工作氛围都要突出团结和谐、纯洁健康、弘扬正气。

第11集
慎入“老乡会”

《中国共产党纪律处分条例》第六十八条　党员领导干部违反有关规定组织、参加自发成立的老乡会、校友会、战友会等，情节严重的，给予警告、严重警告或者撤销党内职务处分。

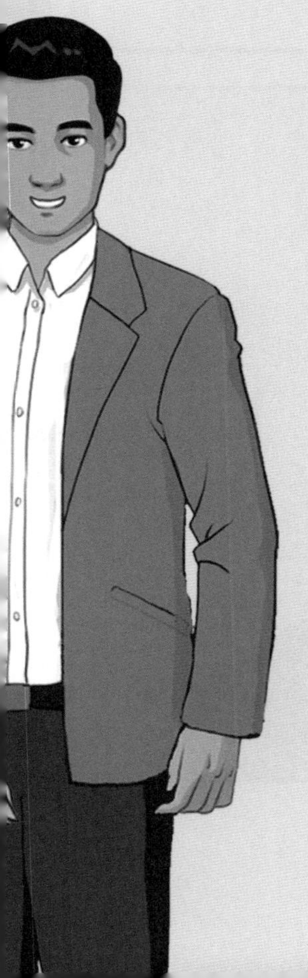

小何，周六我要去参加战友聚会，有什么事就直接打我电话。

呵呵，你问得很好！发现问题就是要及时提醒。你放心，这只是一次正常的战友聚会。

在国外多年的一个战友回来了，大家约定在当年营区附近的饭馆聚会，分别多年的战友又聚到一起，当然激动啦，袍泽情深嘛。

我懂，我知道这些年你一直在悄悄地帮助着陈铭。

你也知道陈铭情况的，因车祸造成身体残疾，我和他是战友，又是一起转业的，当然要关心他啦。
那你也不用背着我呀。
不是背着你！陈铭他自尊心很强，不愿让别人知道他的情况。这次聚会，大家又捐助了一笔钱，委托我转交给他。
放心啦，这事我支持你。

对了，老严，要不是你这次战友聚会，我倒忘了件事。前些时，徐总的爱人王梅和我联系，他们成立了个老乡会，想邀请你担任名誉会长，你看这事……

这我可不能参加。

战友聚会能去，老乡会为什么就不能参加？瞧不起乡里乡亲了？

这不是瞧不起乡里乡亲，老乡会和战友聚会是两码事。

正常的战友、老乡聚聚会是人之常情，没有问题。

他们如果成立了老乡会就是一个组织了。这种自发成立的组织，我参加了就是违纪。

哦，那还真不能参加。我明天就和王梅联系，把这事儿推了。

名言警句

贤愚在心，不在贵贱；信欺在性，不在亲疏。

——王符《潜夫论》

能用度外人，然后能周大事。

——沈括《梦溪笔谈》

枉己者，未有能直人者也。

——《孟子·滕文公下》

温馨提示

古人云：君子周而不比。《条例》第六十八条明确了党员领导干部违反有关规定组织参加自发成立的老乡会、校友会、战友会等违反组织纪律行为，并对处分情形作了明确规定。党员领导干部必须增强组织纪律观念，牢记“亲”“清”二字，构建健康的政商关系、干群关系。

第 12 集

选人用人讲规矩

《中国共产党纪律处分条例》第七十三条　在干部选拔任用工作中，违反干部选拔任用规定，对直接责任者和领导责任者，情节较轻的，给予警告或者严重警告处分；情节较重的，给予撤销党内职务或者留党察看处分；情节严重的，给予开除党籍处分。

用人失察失误造成严重后果的，对直接责任者和领导责任者，依照前款规定处理。

第七十四条　在干部、职工的录用、考核、职务晋升、职称评定和征兵、安置复转军人等工作中，隐瞒、歪曲事实真相，或者利用职权或者职务上的影响违反有关规定为本人或者其他人谋取利益的，给予警告或者严重警告处分；情节较重的，给予撤销党内职务或者留党察看处分；情节严重的，给予开除党籍处分。

弄虚作假，骗取职务、职级、职称、待遇、资格、学历、学位、荣誉或者其他利益的，依照前款规定处理。

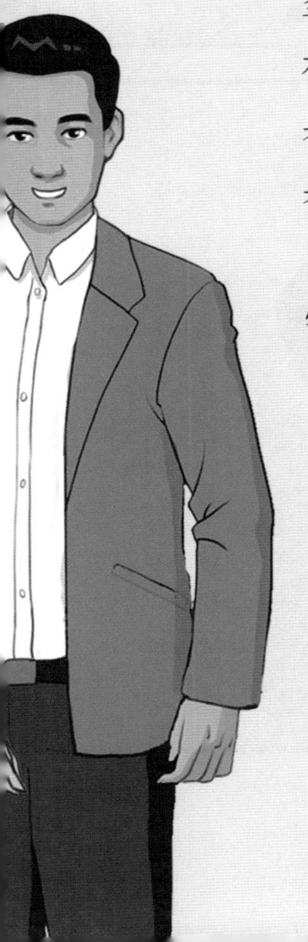

你好，呦，是
李娟啊，好久
不见。

是啊，约个时间出来好好聊聊。我们单位培训中心来了位叫贾仁的新主任，听说曾经在你们单位，还是个中层干部。
贾仁？我在单位二十多年，没听说过有这个人啊。

老严啊，你们反应够迅速的。李娟说他们单位新来的主任，刚到没几天就被处理了。

听说他除了性别是真的，其他都是假的。

是啊，影响太恶劣了。

不过大家有点不明白，贾仁被开除也就罢了，怎么国土局领导也受处分，而且被撤职了？

你也觉得处分“一把手”不合理？

嗯，是不是有点重了。

违反干部选拔任用规定，是严
重违反组织纪律的行为。官不
可以私予人，人不可以私取官。
选用像贾仁这样的干部，社会 
影响极其恶劣。收到多件群众
来信，却置之不理。这样的违
规用人和失察失误，当然要受
到党纪的严肃追究。

名言警句

设官分职，选贤任能，得其人则有益于国家，

非其才则贻患于黎庶，此又不可不知也。

——《旧唐书·食货志上》

尊贤任能，信忠纳谏，所以为安也！

—— 王符《潜夫论》

任人之道，必在无私；审官之宜，所期适用。

——《全唐文·罢赵宗儒平章事诏》

温馨提示

用人腐败必然导致用权腐败。《条例》第七十二条至第七十五条明确了干部选拔任用中拉票助选、弄虚作假等违反组织纪律的行为，并对处分情形作了明确规定。要发挥党组织在干部选拔任用工作中的领导和把关作用，坚持正确用人导向，严明组织工作纪律，确保选人用人风清气正。

第 13 集
对组织　要老实

《中国共产党纪律处分条例》第七十六条　违反有关规定取得外国国籍或者获取国（境）外永久居留资格、长期居留许可的，给予撤销党内职务、留党察看或者开除党籍处分。

第七十七条　违反有关规定办理因私出国（境）证件、前往港澳通行证，或者未经批准出入国（边）境，情节较轻的，给予警告或者严重警告处分；情节较重的，给予撤销党内职务处分；情节严重的，给予留党察看处分。

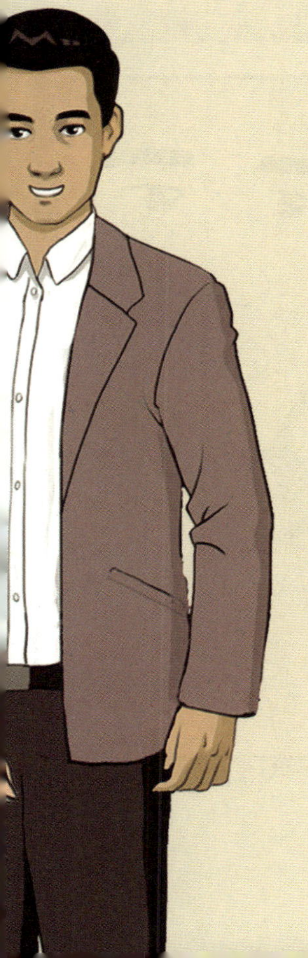

隔壁王叔叔一家又出国旅游了。

出国啊？这个
是需要报批的。

哼，你就是不想带我去。
你是不知道，我的护照
都交到单位人事处了。

出国旅游的话，得向组
织申请审批和备案呢。

爸，我说的可都是千真万确！你看，小强还有英国的永久居留权呢。

朋友圈

这是他们今天在大本钟前合影的照片。世界那么大，我也想去看看。

王小强

5分钟前

顺便了解一下，家属
外国居留权和境外房
产是否有汇报。

这个老王真糊涂，这
可是严重违纪的啊！

名言警句

不以规矩，不能成方圆。
——《孟子·离娄上》

故木受绳则直，金就砺则利。
——《荀子·劝学》

以铜为鉴，可正衣冠；
以古为鉴，可知兴替；
以人为鉴，可明得失。
——《新唐书·魏徵传》

温馨提示

党组织要管理党员干部，党员干部要自觉接受党组织管理，是我们党的一个重要规矩。《条例》第七十六条至第七十九条明确了违规办理因私出国（境）证件和在国（境）外擅自脱离组织等违反组织纪律的行为，并对处分情形作了明确规定。领导干部要习惯于在组织和群众监督下工作和生活，党内不允许有不接受监督的特殊党员。

第 14 集

用公权　不谋私

《中国共产党纪律处分条例》第八十一条　相互利用职权或者职务上的影响为对方及其配偶、子女及其配偶等亲属、身边工作人员和其他特定关系人谋取利益搞权权交易的，给予警告或者严重警告处分；情节较重的，给予撤销党内职务或者留党察看处分；情节严重的，给予开除党籍处分。

第八十二条　纵容、默许配偶、子女及其配偶等亲属和身边工作人员利用党员干部本人职权或者职务上的影响谋取私利，情节较轻的，给予警告或者严重警告处分；情节较重的，给予撤销党内职务或者留党察看处分；情节严重的，给予开除党籍处分。

党员干部的配偶、子女及其配偶不实际工作而获取薪酬或者虽实际工作但领取明显超出同职级标准薪酬，党员干部知情未予纠正的，依照前款规定处理。

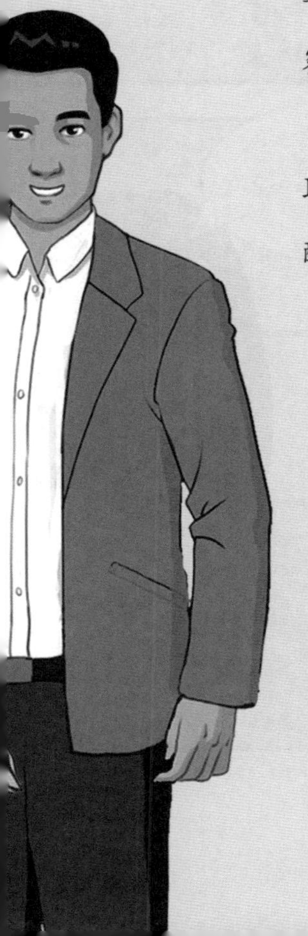

吁……面试终于结束了!

这是我们公司孙总。
孙总好！孙总好！
几年没见，都长这么高了，我还以为我认错人了呢。我跟你爸啊，那可是认识了多少年了。
孙总，严婷婷是来我们公司参加面试的。
欢迎欢迎！这么优秀的人才，我们公司不但要优先引进，而且还要重点培养！

明明可以靠脸吃饭，偏偏要靠才华！告诉你们一个好消息，总经理在面试后亲自宣布录用我啦！

哇，太棒了！我们家女儿就是厉害！老严，你听到没？

为什么？我是凭自己的实力被录用的，为什么要放弃？

事情可不像你想的那么简单。孙总有个侄子是城管局聘用人员，想请我帮他解决个事业编制。
哦，原来是这样啊……
好吧，那不让你为难了，我再另找东家吧。不过，要是这次公费留学申请通过了，你们可不要再拦我哦。

好好好，你的事情你做主！只要你能凭自己的能力留学！我们借钱也会支持你！

您好！快递！

爸！妈！快来看，
是爱丁堡大学的
录取通知单！
THE UNIVERSITY OF EDINBURGH
The University of Edinburgh

失之东隅，收之桑
榆。我真是不要太
幸福了！

名言警句

从官重公慎，立身贵廉明。

——陈子昂《座右铭》

忠者中也，至公无私。

——马融《忠经·天地神明》

故当今之时，能去私曲就公法者，民安而国治；能去私行行公法者，则兵强而敌弱。

——《韩非子·有度》

温馨提示

公权为民，一丝一毫都不能私用。《条例》第八十条至第八十二条明确了以权谋私、权权交易等违反廉洁纪律的行为，并对处分情形作了明确规定。广大党员干部特别是领导干部要按规则、按制度行使权力，把权力关进制度的笼子，任何时候都不能搞特权、不得以权谋私。

第 15 集

礼尚往来有尺度

《中国共产党纪律处分条例》第八十三条　收受可能影响公正执行公务的礼品、礼金、消费卡等，情节较轻的，给予警告或者严重警告处分；情节较重的，给予撤销党内职务或者留党察看处分；情节严重的，给予开除党籍处分。

收受其他明显超出正常礼尚往来的礼品、礼金、消费卡等的，依照前款规定处理。

第八十七条　违反有关规定取得、持有、实际使用运动健身卡、会所和俱乐部会员卡、高尔夫球卡等各种消费卡，或者违反有关规定出入私人会所，情节较重的，给予警告或者严重警告处分；情节严重的，给予撤销党内职务或者留党察看处分。

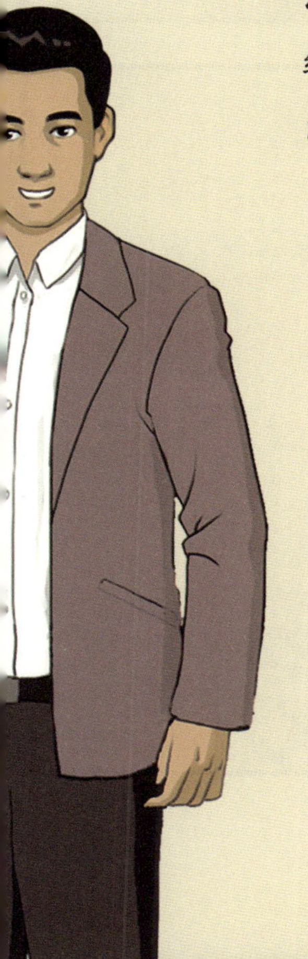

急诊
EMERGENCY

若兰，慢点儿。

若兰，这鲜花是谁送的啊？

老同学，潘云啊。

这礼太重了，退了吧。

这是同学情谊，当初我与潘云同窗读书时，还常互相蹭饭卡呢。去年她儿子结婚，我也随了500块钱。正常的礼尚往来，你别想太多了。

好啦，听你的！

你们老同学正常往来我不反对，可她是工商局的副局长，和我有工作关系。退一步说，你送500块，人家回3000块，这算正常人情往来吗？

老严，徐总和王梅两口子听说我出院了，晚上请我们去枫雅筑吃个饭，两家人聚聚。

高档私人会所？若兰，现在有规定，党员不能到私人会所去。你是干部家属，最好也不要去，人家看到影响也不好。

那怎么办？人家也是庆贺我出院，你和徐总两个老同学也好久没见面了。

请他们到家里来尝尝我的厨艺，怎么样？

这个主意好。我最爱吃爸爸做的水煮鱼。

行，就依你们，
我马上给他们
打电话。

名言警句

君子之交淡若水，小人之交甘若醴。君子淡以亲，小人甘以绝。
——《庄子·山木》

至清廉平。路遗不受，请谒不听，据法听讼，无有所阿。
——董仲舒《春秋繁露》

身处脂膏，不能以自润。
——《后汉书·孔奋传》

温馨提示

礼尚往来，切忌变味。《条例》第八十三条至第八十七条、第九十四条至第九十五条明确了违规收受赠送礼金、礼品、消费卡和出入私人会所等违反廉洁纪律的行为，并对处分情形作了明确规定。党员干部在工作和社会交往中要始终绷紧廉洁自律这根弦，做到交往有原则、有界线、有规矩，杜绝“投桃报李”，更不能搞“商品交换”。

第 16 集
为官发财当两道

《中国共产党纪律处分条例》第八十八条　违反有关规定从事营利活动，有下列行为之一，情节较轻的，给予警告或者严重警告处分；情节较重的，给予撤销党内职务或者留党察看处分；情节严重的，给予开除党籍处分：

（一）经商办企业的；

（二）拥有非上市公司（企业）的股份或者证券的；

（三）买卖股票或者进行其他证券投资的；

（四）从事有偿中介活动的；

（五）在国（境）外注册公司或者投资入股的；

（六）有其他违反有关规定从事营利活动的。

利用职权或者职务上的影响，为本人配偶、子女及其配偶等亲属和其他特定关系人的经营活动谋取利益的，依照前款规定处理。

违反有关规定在经济实体、社会团体等单位中兼职，或者经批准兼职但获取薪酬、奖金、津贴等额外利益的，依照第一款规定处理。

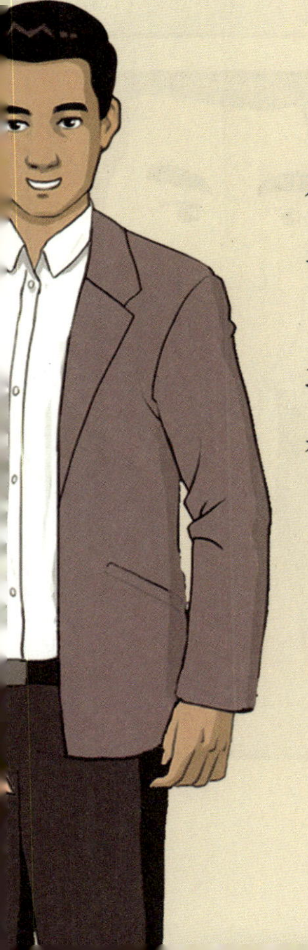

钱总好！

严书记好！
严书记好！

证监会已过会审批，我第一时间来向您报喜。
是大喜啊！我市第一家上市公司，又是国有企业，这可具有里程碑的意义。钱总你也立下了汗马功劳啊！

谢谢，我就不兼这个董事了，
干部兼职是有严格规定的。
你放心，该做的服务工作，
我们还是会继续做好的。
既然有规定，就不让您为难了。要不这样，请您点个将，身边有谁适合出任这个荣誉董事，或者独立董事？ 
钱总，你的想法我明白。把企业搞好，就是对市里最大的支持！

我去逛街，碰到一好姐妹，跟我透露了一个消息，有家公司近期要搞高送转，这是大利好！

我得赶紧去买这家公司的股票！就咱们市前段时间刚上市的那家。

这家公司的股票你不能买！

我的严书记啊，又怎么了？上次我买理财产品不行，这次我在二级市场买只股票也不成啊？

哎，我也只是想让我们家的日子更好过些，咱们俩就这点死工资。

我知道，我们家不算宽裕，可是当官不发财，发财不当官。

所谓“知足者，贫贱亦乐；
不知足者，富贵亦忧”啊！

名言警句

富与贵，是人之所欲也；不以其道得之，不处也。
贫与贱，是人之所恶也；不以其道得之，不去也。
——《论语·里仁》

在官惟明，莅事惟平，立身惟清。
——马融《忠经·守宰章》

临官莫如平，临财莫如廉。
——刘向《说苑·政理》

温馨提示

鱼和熊掌不可兼得，当官发财应当两道。《条例》第八十八条至第九十一条明确了违规从事营利活动、兼职取酬、离退休后违规从业等违反廉洁纪律的行为，并对处分情形作了明确规定。党员干部要严以律己、清正廉洁，耐得住寂寞、经得起诱惑，永葆共产党人的政治本色。

第 17 集
群众利益无小事

《中国共产党纪律处分条例》第一百零五条　有下列行为之一，对直接责任者和领导责任者，情节较轻的，给予警告或者严重警告处分；情节较重的，给予撤销党内职务或者留党察看处分；情节严重的，给予开除党籍处分：

（一）超标准、超范围向群众筹资筹劳、摊派费用，加重群众负担的；

（二）违反有关规定扣留、收缴群众款物或者处罚群众的；

（三）克扣群众财物，或者违反有关规定拖欠群众钱款的；

（四）在管理、服务活动中违反有关规定收取费用的；

（五）在办理涉及群众事务时刁难群众、吃拿卡要的；

（六）有其他侵害群众利益行为的。

李爷爷，你这房子有年代了，透风漏雨的，也该维修或者翻建一下了。

这得问你远房大伯。要说我也是看着他长大的。你以后当了官，可不能像他那样。自从做了村支书，他眼里就没有咱们了。去年说村里要建办公楼，每个村民出 100 块。

我们几家够条件的，
腿都跑断了也没用，
人都找不到。

唉，听说是出去
考察什么项目了。

糟蹋钱，这么多
年，也没见他们考
察出什么东西来。

这次我回老家看到好几
家困难户还住在危房里，
心里很不是滋味。

危房补助款也早拨到
村里了，可村支书吃
拿卡要……

村书记是我的长辈，
我抹不开脸啊。再说
他这几天也不在村里。

你还是提醒一下，也是为他好嘛。前不久有个乡镇的办公室主任，拿了商户的一箱苹果都被通报批评了。

这已经不再是提醒的事儿。

如果确实是这样，那就是典型的群众身边的“四风”和腐败问题，一经查实，还要严肃处理。

名言警句

民惟邦本，本固邦宁。

——《尚书·五子之歌》

得天下有道：得其民，斯得天下矣。得其民有道：得其心，斯得民矣。

——《孟子·离娄上》

政之所兴，在顺民心；政之所废，在逆民心。

——《管子·牧民》

温馨提示

群众利益无小事，心无百姓莫为官。《条例》第一百零五条至第一百零九条、第一百一十一条明确了乱摊派加重群众负担、优亲厚友、吃拿卡要、侵犯群众知情权等违反群众纪律的行为，并对处分情形作了明确规定。党员干部要时刻将群众安危冷暖放在心上，切实把人民利益维护好、实现好、发展好。

第18集
关键时刻　站得出来

《中国共产党纪律处分条例》第一百一十条　遇到国家财产和群众生命财产受到严重威胁时，能救而不救，情节较重的，给予警告、严重警告或者撤销党内职务处分；情节严重的，给予留党察看或者开除党籍处分。

打 120！打 122！

严书记，会议快要
开始了！

开会重要，还是
救人重要？！

书记，危险！

站在上风口，快用
灭火器！

没事。

老严，你刚才不是说你的头是不小心撞到车门了吗？

嘿嘿，这不是怕你担心吗？

你要有个什么闪失，
我可跟你没完……
你还要不要命？

要。但我是党员。
婷婷，假如你在事
故现场，你会阻止
爸爸吗？

不会。但我会冲在你前面。

名言警句

见义不为，无勇也。

——《论语·为政》

苟利国家生死以，岂因祸福避趋之。

——林则徐《赴戍登程口占示家人》

常思奋不顾身，而殉国家之急。

——司马迁《报任少卿书》

温馨提示

险情就是命令。党员发挥先锋模范作用，要求平时能够看得出来，关键时刻能够站得出来。《条例》第一百一十条明确了国家财产和群众生命财产受到严重威胁时，能救而不救等违反群众纪律的行为，并对处分情形作了明确规定。为了保护国家和人民的利益，党员在一切困难和危险的时刻，必须挺身而出，不怕牺牲。

第 19 集
主体责任须担当

《中国共产党纪律处分条例》第一百一十四条　党组织不履行全面从严治党主体责任或者履行全面从严治党主体责任不力，造成严重损害或者严重不良影响的，对直接责任者和领导责任者，给予警告或者严重警告处分；情节严重的，给予撤销党内职务或者留党察看处分。

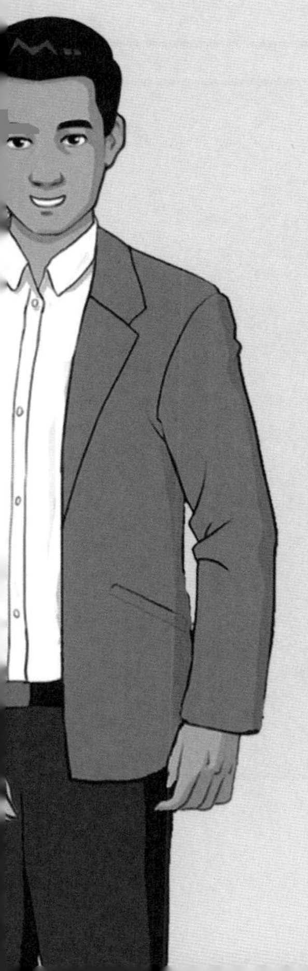

爸，我原来中学的好几个
校领导都受到党纪处分，
还被通报了。校长还是我
以前的班主任呢！
这情况我清楚，他 
们在新校区建设中，
存在严重违纪问题。

承担新校区建设的几
家施工单位主动提出
要赞助我校两辆汽车，
大家有什么意见？

还有没有不同意见？

哦，可不能违反规定啊。

书记放心，一切安排妥当了。

爸，我的好多中学同学都在群里为他们打抱不平呢。

婷婷，这个赠车不同于普通捐赠，
他们正在做学校的工程。校党委
书记不履行主体责任，当然要被
追究责任。
这样说吧，如果市委党 
风廉政建设出了问题，
我作为第一责任人，也
是要被追究责任的。

噢，我明白了。难怪难怪。听说小刘老家的村支书，上次因违纪被撤职处分，镇里迟迟没有执行，结果书记也被处分了。
就是这个理。

名言警句

位卑未敢忘忧国。

——陆游《病起书怀》

士不可以不弘毅，任重而道远。仁以为己任，不亦重乎？死而后已，不亦远乎？

——《论语·泰伯》

温馨提示

各级党委对于职责范围内的党风廉政建设负有全面领导责任，党委主要负责人是第一责任人。《条例》第一百一十三条至第一百一十五条明确了党组织负责人在工作中不负责任或者疏于管理，给党、国家和人民利益以及公共财产造成较大损失等违反工作纪律的行为，并对处分情形作了明确规定。各级党组织都要切实担负起全面从严治党的主体责任。

第 20 集

有权不可任性

《中国共产党纪律处分条例》第一百一十八条　党员领导干部违反有关规定干预和插手市场经济活动，有下列行为之一，造成不良影响的，给予警告或者严重警告处分；情节较重的，给予撤销党内职务或者留党察看处分；情节严重的，给予开除党籍处分：

（一）干预和插手建设工程项目承发包、土地使用权出让、政府采购、房地产开发与经营、矿产资源开发利用、中介机构服务等活动的；

（二）干预和插手国有企业重组改制、兼并、破产、产权交易、清产核资、资产评估、资产转让、重大项目投资以及其他重大经营活动等事项的；

（三）干预和插手批办各类行政许可和资金借贷等事项的；

（四）干预和插手经济纠纷的；

（五）干预和插手集体资金、资产和资源的使用、分配、承包、租赁等事项的。

老严啊，我就开门见山。
最近是不是有个环城二
期工程项目?

赵书记，您也知道，现在重大工程都必须招投标，我们欢迎他们来参与投标。而且市委有规定，市领导一律不得插手工程项目。

老严呀，我看你
这个书记当的
也是尽得罪人。

王主任，这家远海公司想参加环城二期工程招投标，这是他们的资料，到时照顾一下。
好，我知道了。

可要注意影响。

市政局领导插手干预
环城二期工程项目招投标
何主任，你把这封群众来信转给相关部门，里面反映的问题一定要查清楚。

市政局局长李辉涉嫌
严重违纪，目前正接
受组织调查。

新闻播报
XINWENBOBAO

名言警句

水能载舟，亦能覆舟。

——吴兢《贞观政要》

当官之法唯有三事：曰清，曰慎，曰勤。

——吕本中《官箴》

言不苟出，行不苟为，择善而后从事焉。

——刘向《淮南子·主术训》

温馨提示

有权必有责，用权受监督。《条例》第一百一十八条至第一百一十九条明确了党员领导干部违反有关规定干预和插手市场经济活动、司法活动、执纪执法活动等违反工作纪律的行为，并对处分情形作了明确规定。各级领导干部要坚持依法用权、秉公用权、廉洁用权，做到心有所畏、言有所戒、行有所止。

第 21 集
公务活动守纪律

《中国共产党纪律处分条例》第一百二十二条　以不正当方式谋求本人或者其他人用公款出国（境），情节较轻的，给予警告处分；情节较重的，给予严重警告处分；情节严重的，给予撤销党内职务处分。

第一百二十三条　临时出国（境）团（组）或者人员中的党员，擅自延长在国（境）外期限，或者擅自变更路线的，对直接责任者和领导责任者，给予警告或者严重警告处分；情节严重的，给予撤销党内职务处分。

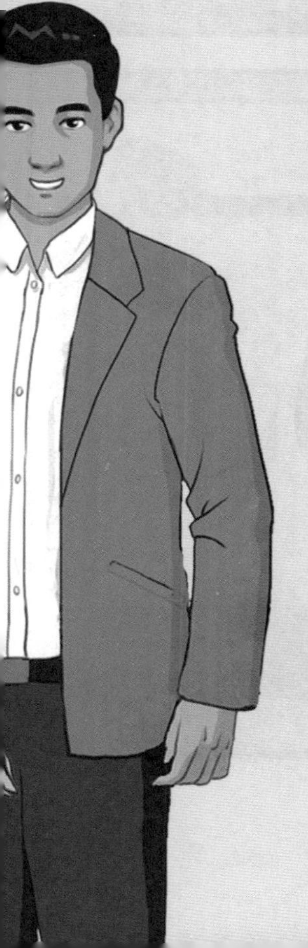

婷婷，最近还好吗？
感冒好点了吗？
放心啦老妈，已经好多了，
爱丁堡空气湿度大，我刚来
的几天不适应而已。

你看你小脸都瘦了，从小到大就没出过家门这么远，我怎么能不操心？
好啦好啦，知道了，我都这么大个人了，还能照顾不好自己？我要去上课了，拜拜。

又在跟女儿视频了啊？女儿是去学习的，你可别老是影响她。

女儿第一次出国这么长时间，你倒好，成天跟个没事人一样。
行啦……你思女心切，我也念在心里。倒也巧了，我今天接到通知，下个月要去英国考察，不过呢，是去伦敦。

什么？你要去英国？要是我也能一起去就好了。
我可是公务出国，又不是去旅游。

行了，看你那严肃劲。大不了我向单位请个年假，自费旅游，跟你一起去不就行了。

我觉得还是不妥，瓜田李下，何必落人口实？我知道你想女儿，找个时间单独去吧。

International Arrivals
International Arrivals

哈哈，老爸辛苦喽，
一下飞机就向我汇报
了啊。
那可不，早点汇报，
早点听听我乖女儿
的声音。
老爸，你要是有空，不如顺
道来爱丁堡玩两天呗，我请
你吃正宗的苏格兰大餐！

我也很想到你学校看看呢，可我们是公务出差，不允许擅自变更路线或者单独行动。

那倒是，我怎么能让你这个又红又专的老干部干违反纪律的事呢？要不我来伦敦看你，怎么样？

不会耽误你学习吧？

放心啦，我正好明天休息，我坐火车过去就行。

名言警句

求必欲得，禁必欲止，令必欲行。

——《管子·法法》

天下之事，不难于立法，而难于法之必行；不难于听言，而难于言之必效。

——张居正《请稽查章奏随事考成以修实政疏》

欲成方圆而随其规矩，则万事之功形矣。而万物莫不有规矩。议言之士，计会规矩也。

——《韩非子·解老》

温馨提示

工作纪律是党组织和党员依规开展各项工作的重要保证。《条例》第一百二十条至第一百二十五条明确了窃密泄密、考试录取舞弊和以不正当方式谋求用公款出国（境）、擅自延长期限变更路线等违反工作纪律的行为，并对处分情形作了明确规定。各级党组织和广大党员必须严格遵守各项工作纪律，按章办事，履职尽责，保证党的各项工作健康有序开展。

第 22 集
对奢靡说“不”

《中国共产党纪律处分条例》第一百二十六条　生活奢靡、贪图享乐、追求低级趣味，造成不良影响的，给予警告或者严重警告处分；情节严重的，给予撤销党内职务处分。

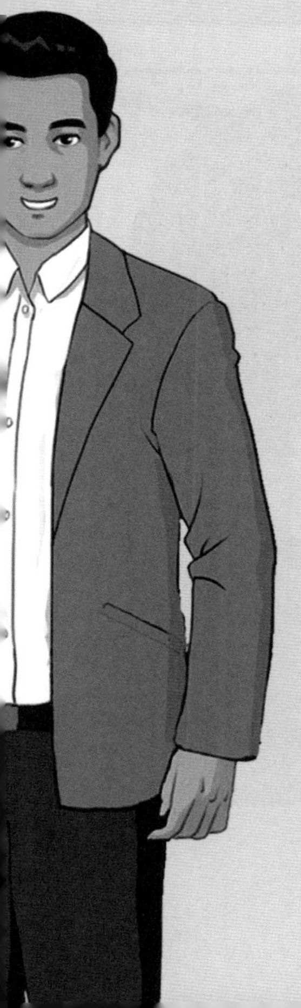

老严，下周六是你的
50 岁生日，要不我
们找个好点的饭店
订几桌，热闹一下？
进饭店就算了，还是 
在家好。小刘，到
时候早点过来吃饭。

我爸生日，你怎
么表示表示呀？
小刘啊，你才工作，可 
别破费，有一声祝福，
我就非常开心了。

我爸马上过生日了，
我去选个礼物，正
好你帮我参谋参谋。

算你找对人了，每年我
爸生日我都送礼物，去
年还买了万把块钱的烟
花在小区放，那场面……

你又来劲了你，我们的事还早呢，再说买那么贵的也不合适啊。

哎呀，什么合适不合适，你爸响当当的大领导，戴块表怎么了。

哎，我再想一想吧。
你先走吧，拜拜。

文房
四宝
这是我和小刘给您准备的生日礼物，喜不喜欢?

好，这个好！你
爸现在就手痒了。
德养以俭

老爸，你的笔力配
上这文房四宝，可
是功力大增啊！
哈哈，女儿长大
喽，帮着小刘一起
忽悠老爸了啊？
老爸……

小刘，你现在事业稳定了，婷婷也从国外学成归来，你们俩可以谋划谋划人生下一步了吧。

名言警句

忧劳可以兴国，逸豫可以亡身。

——《新五代史·伶官传序》

惟俭可以助廉，惟恕可以成德。

——《宋史·范纯仁传》

奢者狼藉俭者安，一凶一吉在眼前。

——白居易《草茫茫·惩厚葬也》

温馨提示

生活纪律是党员在日常生活和社会交往中应当遵守的行为规则。《条例》第一百二十六条至第一百二十九条明确了生活奢靡、贪图享乐、违背社会公序良俗等违反生活纪律的行为，并对处分情形作了明确规定。广大党员要始终保持高尚的道德情操，带头践行社会主义核心价值观，自觉维护党的形象，引领社会风尚。

后 记

在全党开展“学党章党规、学系列讲话，做合格党员”学习教育之际，《尺·度——学习宣传〈中国共产党廉洁自律准则〉〈中国共产党纪律处分条例〉动漫读本》及同名动漫片的推出，为广大党员专题学习提供了一套新颖生动的教育资料。

讲述纪律故事，传播廉洁正能量。将《准则》和《条例》内容以故事化和动漫式表达，是推动党规党纪宣传实现更有温度传播的有益尝试。在中央纪委监察部网站和中国方正出版社的指导下，中共江苏省纪委和凤凰出版传媒集团组建工作小组展开编创。黄华、康弘、程建平、朱华明负责策划，宋吉述、昝东伟、徐海、黄小初负责监制，王熙俊、谢红负责统筹，黄孝阳、韩蔚、王美芳、范渊凯负责撰稿；王洪连、孙京京、李龙江等参与了前期工作。经过半年努力，工作小组顺利完成了编创和制作。中共江苏省纪委对本书和动漫片内容进行了审核把关。

编创工作得到了中央纪委机关相关部门的指导和支持，也充分吸纳了周梅森、李向民、柯江、毛贵民、朱鑫、孙明等专家学者的意见建议，在此一并致谢！由于水平和时间所限，不当之处在所难免，敬请读者批评指正。

本书编写组

二○一六年六月